FRÖHLICHE WEIHNACHT . . .

FRÖHLICH WEIHNAC

von Sandra Boynton

HE
HT...

DUMONT BUCHVERLAG
KÖLN

CIP-Kurztitelaufnahme der Deutschen Bibliothek

Boynton, Sandra:
Fröhliche Weihnacht . . ./
Sandra Boynton. [Aus d. Amerikan. von Sascha Mantscheff].–
Köln: DuMont, 1989
(Studio DuMont)
Einheitssacht.: Christmastime < dt. >
ISBN 3-7701-2353-0

Aus dem Amerikanischen von Sascha Mantscheff

Die Originalausgabe des Buches erschien unter dem Titel
»Christmastime« bei Workman Publishing Company, Inc., New York
Die Weihnachtskarten auf Seite 42 wurden von folgenden Künstlern
entworfen (von links nach rechts, oben nach unten): Wayne Lempka,
Gibson Carothers, Robert Keys, Robert Keys, Gibson Carothers,
Audrey Christie, Sandra Boynton, Margaret McKenna, Annette Kratka,
Sandra Boynton. © 1984, 1985, 1986 by Recycled Paper Products, Inc.
Satz und Druck: Rasch, Bramsche
Buchbinderische Verarbeitung: Bramscher Buchbinder Betriebe

Printed in Germany ISBN 3-7701-2353-0

Meiner lieben Familie:

den Boyntons, Ragsdales, McEwans, Tintles, Steys, Yeichs,
Markoffs, Uthuses,
und (durch schicksalhafte Fügung)
den Capecelatros, Clarkes, Keisers, Newell/Hansons,
Stanleys and Wells/Spanos

und insbesondere meiner Mutter Jeanne
für viele wundersame Weihnachtsfeste

In religiöser Hinsicht feiert man zu Weihnachten die Geburt Christi vor fast zweitausend Jahren. Der Zeitpunkt des Festes im Jahreslauf und viele seiner besonderen Traditionen wurden jedoch von viel älteren heidnischen Festen übernommen – Feiern, die die sterbende Sonne wieder zum Leben erwecken und die karge Erde wieder fruchtbar machen sollten.

Im Kern schließlich ist Weihnachten das Fest der Kinder, des Lichts und der Hoffnung. Das vorliegende Buch kreist irgendwie taumelnd um diesen Mittelpunkt, scheint manchmal sogar den Blick darauf zu verstellen. Doch ich dachte, wenn ich nicht direkt auf den Kern der Sache zielte, hätte ich vielleicht bessere Chancen, ihn zu treffen.

S. B.

INHALT

Ein wahrhaft festliches Vergnügen ist, jemandem genau das Richtige zu schenken.

Ein anderes ist, jemandem genau das Falsche zu schenken.

EINLEITUNG
FERTIGMACHEN ZUM FEIERN

Weihnachten ist nur an einem Tag im Jahr – am 24. Dezember. Doch die Weihnachtszeit dauert viel länger – sie fängt an, wenn in den Läden die ersten Weihnachtsdekorationen erscheinen

und endet am 1. Januar, wenn jeder begeistert das neue Jahr willkommen heißt, was ihm hinterher leid tut.

Die Weihnachtszeit wird so sehr ausgewalzt, daß man zuweilen Mühe hat, die Vorfreude bis zum Weihnachtstag zu erhalten.

Manche von uns sind bald völlig erschöpft und lassen den Mut sinken; andere reagieren auf den vorweihnachtlichen Trubel mit Streßsymptomen.

Nikolaustrophobie

Und selbst die Bemühungen unserer liebsten Vertrauten, uns aufzuheitern, scheinen es irgendwie nur noch schlimmer zu machen.

Am besten vermeiden Sie Ermüdungseffekte, Panik oder Depressionen, wenn Sie immer daran denken, daß Weihnachten ein Fest ist und kein Leistungssport.

Versuchen Sie, die bedrückenden unrealistischen Erwartungen abzuschütteln. Weihnachtsvorbereitungen sollen schlicht sein und die Mühe lohnen.
Für manche besteht das größte Vergnügen darin, den Christbaum zu schmücken.

Andere singen am liebsten Weihnachtslieder.

Dann gibt es welche, die sich gern in Schale werfen,

und solche, die großen Wert auf Formen legen.

Manchen von uns macht es Freude, daß ihnen Weihnachten keine Freude macht.

Und einige sind es zufrieden, sich während der Festtage mit ihren Lieben zu umgeben.

Welche Weihnachtsvorbereitungen Sie auch treffen mögen – bedenken Sie, daß Sie unmöglich alles auf einmal tun können. Und merken Sie sich: Mit ein bißchen Sonne im Herzen können schon die Vorbereitungen zum Fest geraten.

EIN TIP FÜR VERBRAUCHER

Weihnachtsbäume wirken im Freien viel kleiner als drinnen. Messen Sie auf jeden Fall beides, die Deckenhöhe und den avisierten Baum, *bevor* Sie ihn kaufen.

ERSTES KAPITEL

Morgen, Kinder, wird's was geben ...

VORBEREITUNGEN IM HAUSE

Wann beginnt die Weihnachtszeit im Haus? Im Prinzip in dem Moment, in dem man anfängt, das traute Heim zu schmücken; das genaue Datum dieses Rituals ist von Haushalt zu Haushalt unterschiedlich. In manchen Familien beginnt die Weihnachtszeit gleich nach dem Erntedankfest.

Andere halten den 1. Dezember für den richtigen Zeitpunkt und beginnen folglich ihre ganz persönliche Weihnachtszeit, indem sie einen Adventskalender aufhängen und feierlich das Türchen mit der ›1‹ darauf öffnen ...

... oft gefolgt von einer heimlichen Vorschau auf die Türchen 2 bis 24.

Einige hartgesottene Traditionalisten weigern sich, ihr Heim vor dem 24. Dezember zu dekorieren, und manche überlassen sogar das Schmücken des Baumes dem Weihnachtsmann – als ob der nicht schon genug zu tun hätte.

Wer mit dem Schmücken bis zum Heiligabend wartet, hat bessere Chancen, Weihnachten wirklich zu feiern statt zu schuften. Die Kinder in diesen Familien zeigen auf ihre eigene Art und Weise, wie sehr sie diese schlichtere Adventszeit zu schätzen wissen.

Nicht nur fängt für jeden die Weihnachtszeit zu einem anderen Zeitpunkt an, sondern es hat auch jeder seinen ganz persönlichen Stil und seine Traditionen, das Haus zu schmücken. Manche neigen zu schlichter Eleganz,

andere hingegen glauben, daß jedes Möbelstück geradezu nach Verschönerung schreit.

Trotz unterschiedlicher Geschmäcker und Gebräuche stürzen sich Familien in aller Welt mit Vehemenz in die Weihnachtsvorbereitungen. Es ist kein Einzelfall, wenn jemand den ganzen Festtag über dekoriert, summt, lacht, singt oder leise vor sich hin grummelt.

NOCH EIN VERBRAUCHERTIP

Wenn Sie einen Weihnachtsbaum kaufen, denken Sie daran, daß er möglicherweise schon längere Zeit, bevor Sie ihn erstehen, gefällt wurde.

Und wenn Ihr Baum nicht wirklich frisch ist, könnte er dazu neigen, allzu schnell seine Nadeln zu verlieren.

WIE MAN EINEN BAUM AUSWÄHLT

In manchen Familien ist es üblich, die ganze Weihnachtszeit über einen Weihnachtsbaum im Hause aufzustellen. Die meisten Leute kaufen ihre Bäume bereits geschlagen beim Fachhandel.

Abgelängte Bäume werden »nach Meter« verkauft (1 Weihnachtsbaum-Meter = 0,34 Norm-Meter).

Angesichts der bestürzenden Kosten geschlagener Bäume, der Risiken beim Kauf und der Vorhaltungen engagierter Umweltschützer

sehen sich heutzutage immer mehr Menschen nach Alternativen um, statt wehrlose Nadelgewächse zu Weihnachtsbäumen zurechtzusägen.

Manche Familien sind der Ansicht, daß man durch sorgfältige Ausleuchtung und Dekoration den gleichen Effekt erzielen kann wie mit einem Baum . . .

. . . wenngleich es in der Regel in jeder Familie mindestens einen widerspenstigen Traditionalisten gibt.

Eine andere Alternative sind Plastikbäume, die man das Jahr über auf dem Speicher unterbringt und am Festtag in wenigen Minuten zusammensetzen kann.

Trotz hoher Einstandskosten (DM 68,50 und mehr) – ein Plastikbaum hält viele Jahre und kann der nächsten Generation vererbt werden, falls die jungen Leute genauso geschmacklos sind.

Eine dritte Möglichkeit ist der aufblasbare Baum. Diese künstlichen Gewächse werden aus Plastikfolie mit aufgedruckten Ornamenten gefertigt. Man kann (und soll) sie aufblasen. Diese Bäume eignen sich vor allem für Wohnungen mit äußerst beengten räumlichen Verhältnissen oder dort, wo man einen besonders spendablen Nikolaus erwartet.

Anmerkung: Aufblasbare Bäume eignen sich nicht für Haushalte mit schreckhaften Pelztieren.

Die vielleicht geschmackvollste und ökologisch vertretbarste Spezies ist der lebende Weihnachtsbaum.

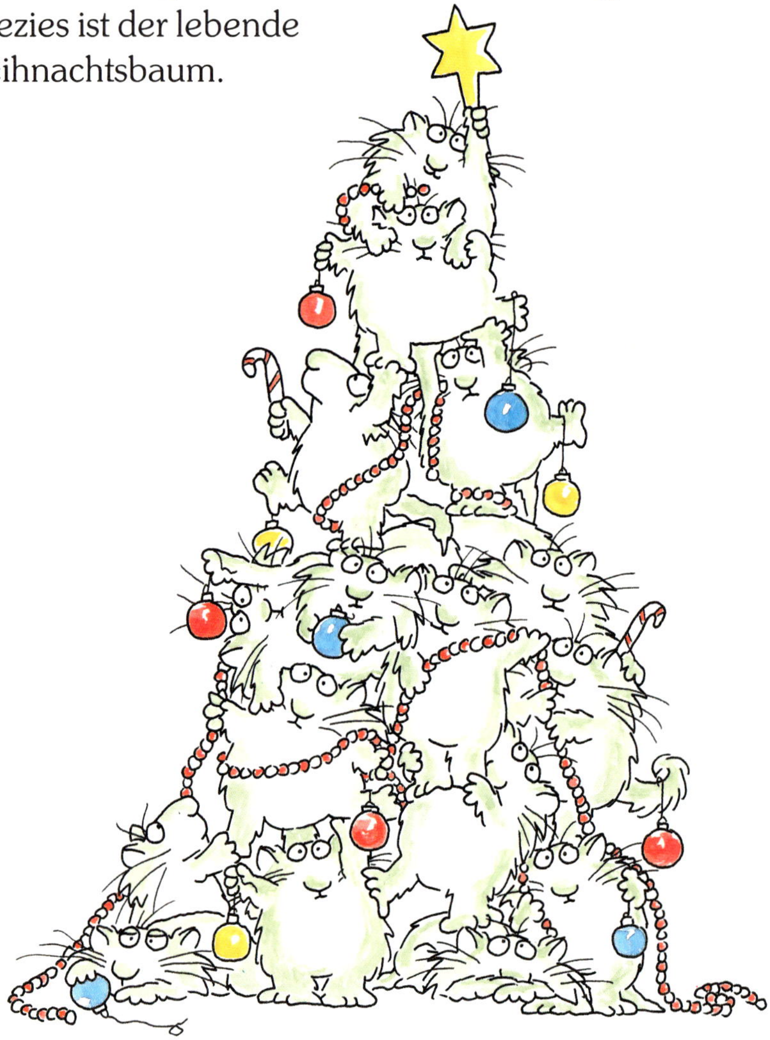

Zwar bezaubern derlei Bäume durch ihre natürliche Anmut, doch sind sie sehr schwierig im Hause zu halten. Man muß sie dreimal täglich gießen und füttern und oft mit ihnen Gassi gehen. Selbst bei bester Pflege kann der Baum Temperament entwickeln und sich weigern, in Form zu bleiben.

Man kann natürlich auch einfach einen Baum im Garten schmücken – allerdings hat das ebenfalls seine Tücken.

Wenn Sie sich zu guter Letzt für den klassischen, geschlagenen Weihnachtsbaum entschieden haben, suchen Sie sich am besten einen mit festem geradem Stamm und nur einer Spitze, gleichmäßig gewachsen und schön geformt, von glänzendem Dunkelgrün und mit weichen Nadeln, die einen nicht stechen, wenn man die Lichter anbringt, den man nur zweimal wöchentlich gießen muß und der bis weit in den Januar hinein keine Nadeln verliert.

Gäbe es solche Bäume, könnte man bestimmt eine Menge davon verkaufen.

Weihnachten ist die ideale Gelegenheit, sich bei allen Leuten mal wieder zu melden, mit denen man in der letzten Zeit Ärger hatte –

und sei es nur, um sie wissen zu lassen, daß es einem immer noch prima geht.

ZWEITES KAPITEL

Weihnachts-
grüße

"Röhrende Grachten und ein prustender Wal"?

DAS ERNEUERN ALTER FREUNDSCHAFTEN

Weihnachten ist die Zeit dafür, mit Freunden und Verwandten in Nah und Fern wieder Kontakt aufzunehmen. Manche werfen sich mit Schwung auf diese Aufgabe,

und wir anderen finden sie affektiert und eingebildet und glauben, sie hätten wohl nicht genug zu tun und versuchten vielleicht sogar, uns zu beschämen.

Statt all Ihren Freunden in der Ferne Karten zu schreiben, können Sie sie auch einfach anrufen ...

... obgleich das lockere Geplauder schwerfällt, wenn man ständig an die Telefonrechnung denkt.

Sie könnten die Plackerei des Kartenschreibens auch jemandem übertragen, der Ihre Handschrift nachmachen kann. Wer würde schon vermuten, daß Sie sie nicht selbst verfaßt haben?

Manche meinen, es lohne sich die Mühe, die guten Wünsche persönlich zu überbringen.

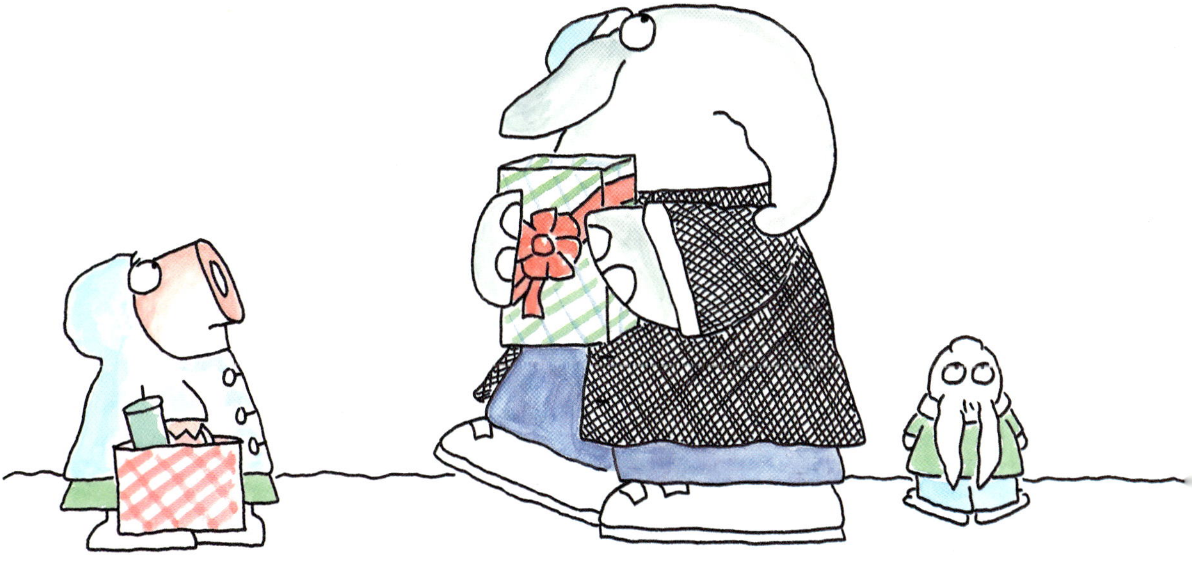

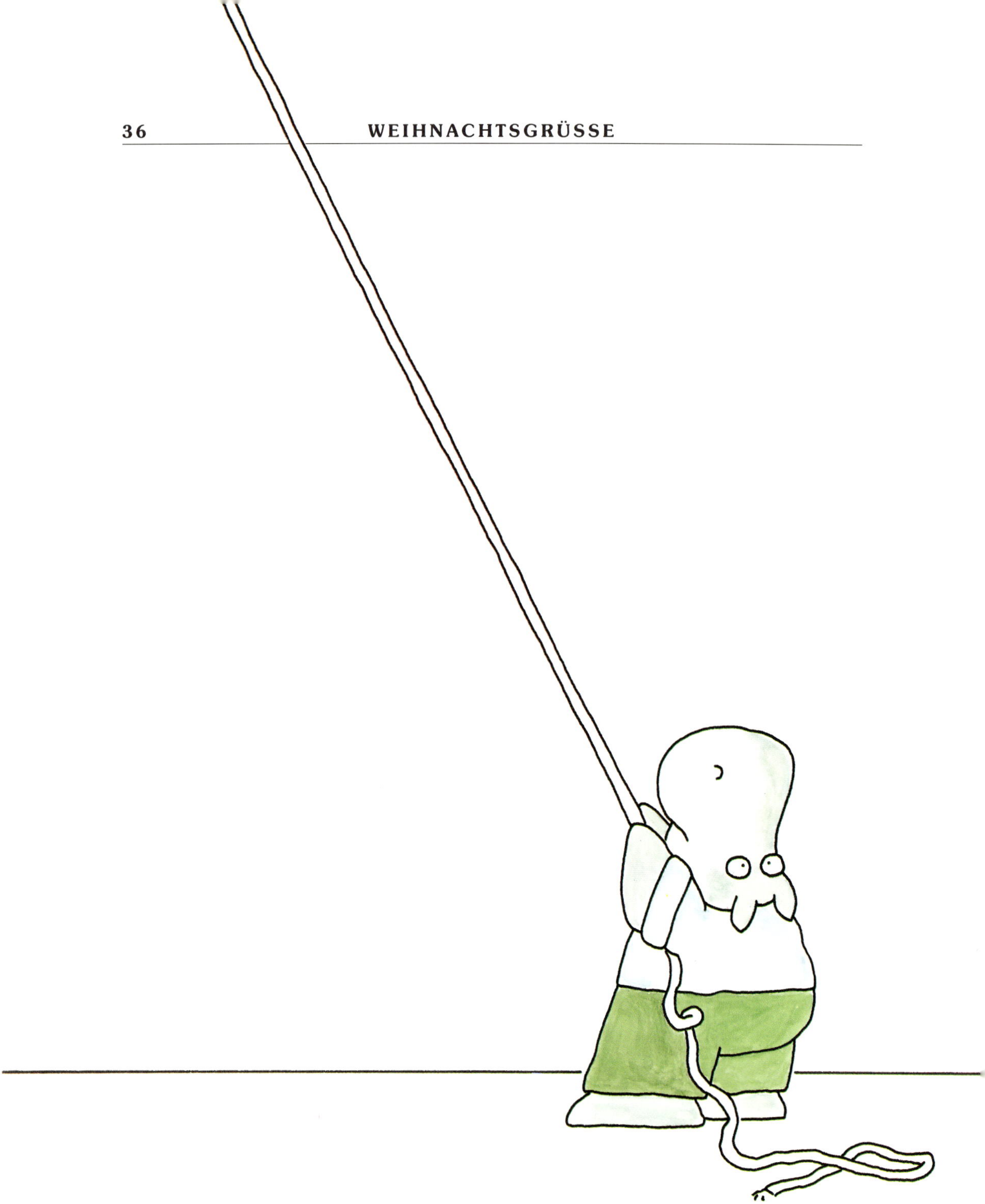

Viele andere dagegen halten die Mühe für größer als den Lohn.

Vielleicht ist es das beste, wenn Sie Ihre Weihnachtspost systematisch angehen: Fangen Sie am 29. November mit dem »A« in Ihrem Adreßbuch an, und erledigen Sie jeden Tag einen Buchstaben des Alphabets. Wenn Sie fleißig und diszipliniert sind, haben Sie am Heiligen Abend all Ihre Weihnachtsgrüße geschrieben. Sind Sie jedoch normal, werden Sie eines Tages feststellen, daß Sie nur mit den Freunden in den letzten Jahren in Kontakt geblieben sind, deren Nachnamen mit A, B, C oder D anfangen.

Vielleicht ist es besser, Sie versuchen gar nicht erst, jedem, den Sie kennen, zu Weihnachten zu schreiben.

Schreiben Sie doch nur Ihren allerbesten Freunden, und verschieben Sie die Post an die anderen, bis Sie mal etwas mehr Zeit dafür haben. Zum Beispiel nächstes Weihnachten.

Aus Weihnachtskarten kann man wunderhübsche Girlanden herstellen. Aber vergessen Sie nicht, die Post zu beantworten, bevor Sie sie aufhängen.

EIN WORT ZU WEIHNACHTSKARTEN

Anders als viele andere festliche Produkte, deren Hersteller allein von zynischer Profitgier beseelt sind, sind Weihnachtskarten eine ausschließlich gemeinnützige Dienstleistung, die wohlmeinende Grußkartenverlage frohen Herzens bereitstellen. Die Kartenverleger decken mit den Preisen lediglich ihre Unkosten, und was dann noch übrigbleibt, brauchen sie, um der eigenen Familie Weihnachtsgeschenke kaufen zu können.

Grußkarten für andere Anlässe werden stückweise verkauft, Weihnachtskarten hingegen meistens im Paket, wobei eine Schachtel 20 Karten und um die 17 Kuverts enthält.

Eine Schachtel kostet je nach Größe und Aufmachung zwischen 7,00 und 78,00 DM.

7-DM-Schachtel
(Originalgröße)

78-DM-Schachtel
(Maßstab 1:10)

Auch Weihnachtspostkarten gibt es abgepackt. Sie sind relativ preiswert, bieten dankenswert wenig Platz für Mitteilungen und ersparen dem Absender sogar einiges an Porto. Postkarten sind das richtige Medium für den sparsamen Verbraucher, der niemandem etwas richtig Persönliches zu sagen hat.

Eine dritte Möglichkeit ist die individuell gestaltete Photokarte. Solche Karten fertigt fast jedes Photolabor an. Photokarten gibt es mit vorgedruckten Festgrüßen, und die meisten Labors drucken für einen kleinen Aufpreis Ihren Namen gleich mit. Die Kuverts werden mitgeliefert, die Preise sind moderat, der Service ist schnell, die Bildqualität hoch, und – das ist das beste – es ist absout kein Platz für weitere Mitteilungen auf den Karten. Sie müssen lediglich ein Photo Ihrer Familie einsenden, das Sie für wert halten, 25- bis 200mal vervielfältigt zu werden.

Es liegt auf der Hand, daß die Nachteile der Photokarte ihre Vorzüge bei weitem überwiegen.

Die richtige Weihnachtskarte auszuwählen ist nicht einfach, denn Ihre Karte verrät etwas über Sie. Sie müssen sich entscheiden, was für ein Image, was für einen Geschmack und Stil Sie vermitteln möchten. Die Weihnachtskarte, die Sie als Ihren persönlichen Gruß wählen, kann bedeuten:

»Klassisch«

»Respektlos«

»Ehrfürchtig«

»Achtbar«

»Unbeschwert«

»Witzig, stilvoll und elegant«

»Sentimental«

»Süß«

»Voll im Trend«

»Erlesen«

oder »Sparsam«.

Wenn Sie beschlossen haben, Ihre Karte selbst zu machen, statt sie zu kaufen, zeugt das von Kreativität, Individualität, Einfallsreichtum und Traditionsbewußtsein,

Pferdgemalte Kutsche, um 1880

sowie von einem abscheulichen Mangel an Rücksicht auf die professionellen Grußkartenzeichner, die ja schließlich auch von irgendwas leben müssen!

DER WEIHNACHTS-RUNDBRIEF

Es gibt Leute, die glauben, sie hätten so viele gute Freunde, daß sie unmöglich jedem einzelnen einen ausführlichen Brief schreiben können. Manche lösen das Problem, indem sie lediglich ihre Unterschrift auf die Karten setzen.

Anderen widerstrebt es, ihre Freunde über die jüngsten Ereignisse im Ungewissen zu lassen. Der Effizienz und des Egoismus halber entwerfen diese Leute »Weihnachtsrundbriefe« und schicken allen und jedem einen Abzug.

Falls Sie zu viele Freunde und zu wenig Zeit haben, sollten Sie es dieses Jahr vielleicht mit einem solchen Rundbrief probieren. Wenn Sie die Vorstellung schreckt, sich einen Text für eine übelwollende Leserschaft aus den Fingern saugen zu müssen, können Sie den unten gezeigten Musterweihnachtsrundbrief benutzen. So sparen Sie Zeit und Mühe *und* haben nächstes Jahr weniger Freunde.

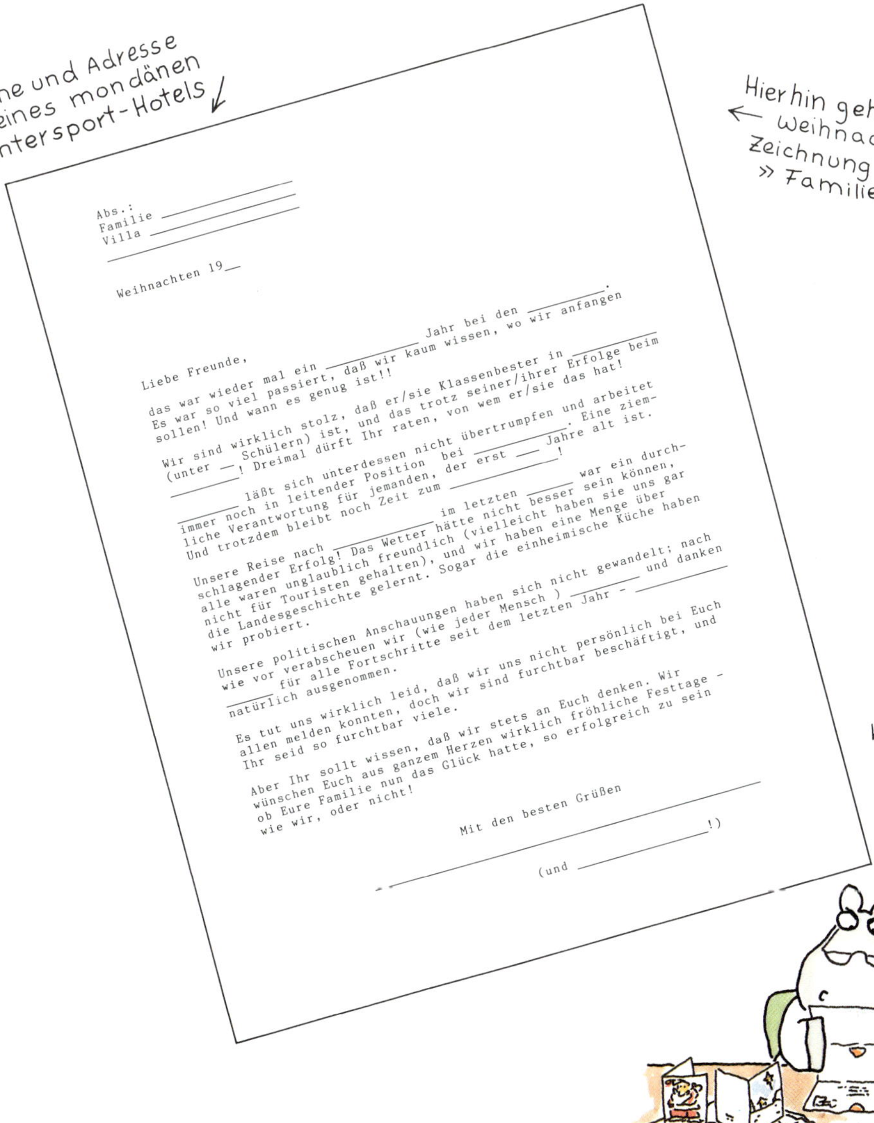

Abs.:
Familie ___
Villa ___

Weihnachten 19__

Liebe Freunde,

das war wieder mal ein ___ Jahr bei den ___. Es war so viel passiert, daß wir kaum wissen, wo wir anfangen sollen! Und wann es genug ist!!

Wir sind wirklich stolz, daß er/sie Klassenbester in ___ (unter __ Schülern) ist, und das trotz seiner/ihrer Erfolge beim ___! Dreimal dürft Ihr raten, von wem er/sie das hat!

___ läßt sich unterdessen nicht übertrumpfen und arbeitet immer noch in leitender Position bei ___. Eine ziemliche Verantwortung für jemanden, der erst __ Jahre alt ist. Und trotzdem bleibt noch Zeit zum ___!

Unsere Reise nach ___ im letzten ___ war ein durchschlagender Erfolg! Das Wetter hätte nicht besser sein können, alle waren unglaublich freundlich (vielleicht haben sie uns gar nicht für Touristen gehalten), und wir haben eine Menge über die Landesgeschichte gelernt. Sogar die einheimische Küche haben wir probiert.

Unsere politischen Anschauungen haben sich nicht gewandelt; nach wie vor verabscheuen wir (wie jeder Mensch) ___ und danken ___ für alle Fortschritte seit dem letzten Jahr - ___ natürlich ausgenommen.

Es tut uns wirklich leid, daß wir uns nicht persönlich bei Euch allen melden konnten, doch wir sind furchtbar beschäftigt, und Ihr seid so furchtbar viele.

Aber Ihr sollt wissen, daß wir stets an Euch denken. Wir wünschen Euch aus ganzem Herzen wirklich fröhliche Festtage - ob Eure Familie nun das Glück hatte, so erfolgreich zu sein wie wir, oder nicht!

Mit den besten Grüßen

___

(und ___!)

UND NOCH EIN VERBRAUCHERTIP

Bevor Sie bei einem Versandhaus Geschenke bestellen, vergewissern Sie sich, daß die Firma bei Lieferschwierigkeiten keine Ersatzartikel liefert, ohne bei Ihnen nachzufragen.

DRITTES KAPITEL

Die Kunst des Schenkens

2–246–WH	BORDELA, SIDNEY NEW YORK, NY, USA	ARTIG
1–460–TF	BORDELAISE, MONIQUE CAEN, FRANKREICH	UNARTIG
5–673–TY	BORDRACHER, HERMINE HEIDELBERG, BR DEUTSCHLAND	ARTIG
8–980–JW	BORG, BJÖRN MONTE CARLO, MONACO	ARTIG
8–564–PL	BORNELLO, CONSUELA TOLEDO, SPANIEN	UNARTIG
6–878–KM	BORP, SUE TOLEDO, OHIO, USA	ARTIG
9–453–YH	BORRICINI, LUIGI VENEDIG, ITALIEN	UNARTIG
3–089–PZ	BORVILLE, ORVILLE M. ACKWORTH, ENGLAND	UNARTIG
7–854–OJ	BORTSCHEWSKI, SWATOSLAW MOSKAU, UDSSR	ARTIG
3–087–EF	BOSA, NOVA SAO PAULO, BRASILIEN	ARTIG
4–323–ID	BOSBY, MARGARET LONDON, ENGLAND	ARTIG
0–965–LK	BOSCH, HIERONYMUS 'S-HERTOGENBOSCH, NIEDERLANDE	UNARTIG
5–845–LP	BOSCO, URSULA HERSHEY, PA, USA	UNARTIG
8–657–HG	BOSCZYK, SIGISMUND KRAKAU, POLEN	ARTIG
4–980–OU	BOSDORE, KARL SALZBURG, ÖSTERREI...	UNARTIG

1–...	...P, HEINZ ...KFURT, MA...	ARTIG
	...IERING...	UNARTIG
		ARTIG
		UNARTIG
		...NARTIG
...–11...		
2–487–DP	BUTHAR, EDWARD ADDIS ABEBA, ÄTHIOPIEN	UNARTIG
		ARTIG

DER GEIST DES WEIHNACHTS-GESCHENKS

Eine der größten Freuden der Weihnachtszeit ist es, denen, die man liebt, Geschenke zu machen.

Zu den weniger großen Freuden der Weihnachtszeit gehört das Ausdenken,

Einkaufen und

Bezahlen

der Geschenke für die, die man liebt.

Und schon gar keine Freude der Weihnachtszeit ist es, sich Geschenke auszudenken, zu suchen und zu bezahlen für diejenigen, die Geschenke von einem erwarten – ob man sie liebt oder nicht.

Natürlich können Sie beschließen, die »Muß-ich-wohl«-Geschenke wegzulassen und Ihre Zeit, Ihre Gedanken und Ihr Geld nur für die »Will-ich«-Geschenke aufzuwenden. Ihr berechtigter Stolz über diese aufrichtige, vernünftige und mutige Entscheidung sollte es Ihnen leicht machen, den Verlust des Arbeitsplatzes, den Zorn der Verwandten und die erheblichen Qualitätseinbußen bei der Postzustellung, der Müllentsorgung und den Autoinspektionen im kommenden Jahr zu ertragen.

Wenn Sie das obligatorische Schenken nicht aufgeben können, weil Sie sich nicht für standhaft genug halten, die Konsequenzen zu tragen, Ihre finanziellen Ressourcen aber trotzdem vor Ihrem guten Willen verblassen, werden Sie vielleicht die Ansicht teilen, daß man im Dezember ebensogut wie in jedem anderen Monat mit guten Freunden Streit anfangen kann...

... um sich dann irgendwann im Januar zu entschuldigen.

Oder Sie verschenken weiter, was Sie letztes Weihnachten bekommen und nie benutzt haben; nur müssen Sie dann genau Buch führen, von wem was war.

Denken Sie daran: Wer Ihnen am liebsten und nächsten ist, braucht von Ihnen kein teures Geschenk aus dem Laden. Geben Sie nicht mehr aus, als Sie sich leisten können: Wem wirklich etwas an Ihnen liegt, dem ist Ihr Seelenfrieden weitaus wichtiger. Bedenken Sie, daß das schönste Geschenk* immer auch ein Stückchen von einem selbst ist.

* Und auch das billigste!

DIE BEIDEN HÄUFIGSTEN MISSGESCHICKE UND WIE MAN SIE VERMEIDET

Erlauben Sie Ihren Kindern ab September nicht mehr fernzusehen.

... und ich will den fantastischen neuen Lightspeed-Spacerider mit dem realistischen Nuklear-Smash-O-Tron, und außerdem den Super-Muskel-Man dazu, und einen Play-Man, den lebensgroßen Spielgefährten mit eingebautem, stimmaktiviertem Soundchip, und ich möchte ...

Halten Sie ein paar namenlose Geschenke im Hintergrund für den Fall, daß Sie auf Ihrer Liste versehentlich jemanden vergessen haben.

WEIHNACHTSEINKÄUFE

Wie in jedem Jahr sind Weihnachtseinkäufe nicht mehr das, was sie einmal waren.

Viele Leute stürzen sich mit ernstzunehmendem Gegrummel in den Weihnachtstrubel. Sie wissen, daß sie im Begriff sind, sich den zahlreichen Unannehmlichkeiten des weihnachtlichen Einkaufens zu stellen: ungeduldige Massen, schauderhafte Blechmusik, grelle Dekorationen, blinkende Lichter, heulende Kinder, profitgierige Verunstaltungen altehrwürdiger Traditionen, lange Warteschlangen, mürrische Verkäufer, hohe Preise für schlechte Qualität, das schlagartig aufblitzende Bewußtsein der eigenen Nichtigkeit und der Vergeblichkeit allen menschlichen Strebens und die Parkplatzprobleme.

Zeitschriften und Weihnachtsbastelbücher wollen uns glauben machen, Weihnachtsgeschenke selbst zu machen sei eine preiswerte, praktische und lohnende Alternative zum Einkaufen.

Wenn Sie weder geschickt genug sind, selbst zu basteln, noch den Mut haben, sich noch einmal ins Einkaufsgetümmel zu stürzen, können Sie im Versandhandel etwas aus einem der Weihnachtskataloge bestellen, die Ihr Briefträger ins Haus bringt.

Der Katalog bietet alle Vorteile und Annehmlichkeiten des Einkaufens vom eigenen Wohnzimmer aus. Bevor Sie jedoch den ersten Schritt (zum Ortstarif) wagen, schauen Sie sich vielleicht nebenstehenden Lieferschein an, der typisch ist für alle, die mit im Versandhandel bestellten Waren eintreffen. ↓

Auftrags-Nr. Z-79305-XL-19528

Lieferschein

Bourgeois vom Butendiek

Gepackt von:
Michael »Fettfinger« Franzen

Adressat:
Barbara Treibsand
Altendeich 45
2178 Opperholz

Ihr Konto wurde für diesen Auftrag mit DM 382,95 belastet. Wir wünschen ein gesegnetes Weihnachtsfest.

»Das Versandhaus mit dem besonderen Touch«

Industriestraße 13
870 Groß-Attensen

Auftragsdatum:	Auftragseingang via	Versand via	Zahlungsmodus	Rechnungs-Nr.	Versand-Nr.
23. 11. 89	H 292	UPS	Eurocard	s. Auftrags-Nr.	574483

Art.-Nr.	Menge	Gegenstand Farbe/Größe	Status	Einzelpreis	Auslieferung	Auftragsgebühr	Geschenkverpackg.	Porto u. Verpackg.	Gesamtpreis
B24 087	1	Cloisonne-Manschetten	Noch nicht lieferbar	45.00	25.02.90	2.00	2.50	3.00	52.50
H06 D14	1	Chiffon-Morgenmantel Blau – Maxi	Stattdessen: Chartreuse Medium	70.00	Liegt bei	2.00	4.00	3.50	79.50
F19	2	Leinen-Picknick-tasche	Nicht auffind-bar	30.00	Sommer 1992	2.00	2*2.50	3.50	70.50
R57 L09	1	Dosenöffner mit Solarzellen-antrieb	Nicht mehr liefer-bar, wird trotz-dem berechnet	28.00	—	2.00	2.50	3.00	35.50
U94 X77	1	Speckstein-Skulptur »Einhorn«	Stattdessen: »Iguana-Ballerina«	52.00	Liegt bei	2.00	4.00	3.50	61.50

Zwischensumme	299.50
Eingabefehler	25.00
14% MwSt	30.92
Nachliefergebühr DM 3.00/Stück	6.00
SUMME	382.95

Wichtige Mitteilung an unsere Kunden

Wir scheuen keine Mühe, Sie zufriedenzustellen. Manche Leute sind allerdings nie zufrieden. Wenn Sie einen Artikel zurücksenden möchten:

1. *Senden Sie die Ware am selben Tag in der Originalverpackung zurück.*
2. *Senden Sie die Ware als eingeschriebenes Express-Wertpaket.*
3. *Legen Sie 6 Kopien dieses Packzettels und einen Brief bei, in dem Sie die Gründe für die Rücksendung erläutern; weiterhin einen (maschinenschriftlichen) Aufsatz von mindestens 3 DIN-A-4-Seiten über den Verfall der geistigen Werte des Westens seit der industriellen Revolution.*
4. *Sie werden zu gegebener Zeit eine Gutschrift über den vollen Bestellwert (abzüglich Bearbeitungsgebühren) erhalten, mit der Sie jeden gewünschten Artikel aus unserem Katalog bestellen können.*

Unsere rückhaltlose Garantie: Wir versprechen Ihnen, daß jeder von uns vertriebene Artikel dieser rückhaltlosen Garantie unterliegt.

Telefonische Nachbestellungen: Wählen Sie 01 30 – 88 88 88, 24 Stunden täglich, 7 Tage in der Woche, zum Ortstarif

Bei Rückfragen oder Reklamationen wenden Sie sich bitte an unsere Außenstelle in Passau, Geschäftszeiten Mo–Mi 9 bis 11 Uhr.

Nachdem Sie das Geheimnis dieses sorgenfreien Einkaufens gelüftet haben, werden Sie in diesem Jahr sicher wieder auf den üblichen Weihnachtseinkauf zurückkommen.

Am besten ist vielleicht, sich klarzumachen, daß die Freude an den Weihnachtseinkäufen von Ihrer Einstellung abhängt. Wer Einkaufen für eine Bürde hält, für den wird es unweigerlich zu einer Bürde.

Wer daran glaubt, daß Einkaufen eine anspruchsvolle Herausforderung ist, findet es mit einiger Sicherheit aufregend.

Und wer das Einkaufen für ein schlichtes, dankbares und fröhliches Vergnügen hält,

wird uns anderen stets rätselhaft und verwirrend erscheinen.

FINDEN SIE DIE 8 VERSTECKTEN RENTIERE!?

GESCHENKE EINPACKEN

Eine Stunde kann man definieren als ein Zehntel der Zeit, die man braucht, um Weihnachtsgeschenke einzupakken, und ein Jahr ist in diesem Sinne genau die Zeitspanne, die man braucht, um zu vergessen, daß es eine wirklich

idiotische Idee ist, alle Geschenke erst am Weihnachtsabend einzupacken. Doch einige weihnachtliche Traditionen gibt man am besten auf. Legen Sie am nächsten Heiligabend um

16 Uhr eine kleine Pause bei Ihrer traditionellen Suche nach der Schere ein und notieren Sie auf der Oktober-Seite Ihres nächstjährigen Taschenkalenders:

»Alle Weihnachtsgeschenke im Laden einpacken lassen.«

Stellen Sie sich Ihre Ruhe und Zufriedenheit vor, wenn der nächste Weihnachtsabend vor der Tür steht und Sie sich im satten Bewußtsein entspannen können, daß alles bereits perfekt und wunderhübsch verpackt ist.

Und denken Sie sich Ihre Freude, wenn Ihnen kurz vor der Bescherung plötzlich klar wird, daß Sie nichts beschriftet und keine Ahnung haben, was in Ihren perfekt und wunderhübsch verpackten Päckchen steckt.

Ach was. Beschriften Sie alles, so gut es geht, und legen Sie die Päckchen unter den Baum, wohl wissend, daß der Weihnachtsabend für Sie mindestens genauso überraschend wird wie für alle anderen.

GESCHENKPAPIER KAUFEN

(Zwei Verbrauchertips zum Preis von einem!)

• BEACHTEN SIE DIE LÄNGENANGABE AUF DEM ETIKETT

Preis und Rollendurchmesser sind unzuverlässige Indikatorgrößen der Papiermenge.

• HÜTEN SIE SICH VOR ALLZU GÜNSTIGEN SONDERANGEBOTEN

Das Papiergewicht ist auch ein wesentlicher Faktor.

WEIHNACHTSQUIZ

Was sagt der Nikolaus?

a) Tralalabum
b) Und wo ist mein Geschenk?
c) Wart ihr auch alle brav?
d) Seid ihr auch alle da?

Wer hat eine rote Nase?

a) Frau Holle
b) Mein Onkel
c) Mickey Mouse
d) Rudolph, das Rentier

Wer bekommt zu Weihnachten Geschenke?

a) Alle Frösche im Dorfteich
b) Artige Mädchen und Jungen
c) Piraten und Monster
d) Stechmücken

Was stellt man am Nikolaustag vor die Tür?

a) Strümpfe
b) Stiefel
c) Waschkörbe
d) Nudeln

Was ist der häufigste Weihnachtsgruß?

a) »Ach du liebes bißchen!«
b) »Was gibt's zum Abendessen?«
c) »Fröhliche Weihnachten!«
d) »Ich hab eibm fürchterlichm Schmupfm!«

VIERTES KAPITEL

Weihnachtliche Bräuche

Ihr Kinderlein, kommet . . .

BRAUCHTUMSPFLEGE

Ein Weihnachtsbrauch ist alles, was jedes Weihnachten unweigerlich wieder passiert.

Von den vielen, vielen Weihnachtsbräuchen, die wir alle pflegen, kommt uns gewöhnlich einer als erster in den Sinn, wenn Weihnachten naht. Das kann ein geliebter Christbaumschmuck sein oder ein Lieblingsrezept, ein Familienbrauch oder eine oft gelesene Geschichte, ein pathetischer Choral, es kann die unvermeidliche Partie Mensch-ärgere-dich-nicht unter dem Weihnachtsbaum sein oder der unvermeidliche Menschenärgerer auf der jährlichen Weihnachtsfeier im Büro.

Manche Bräuche gehören zu unserer Kultur und sind Teil des gemeinsamen Erbes: der Nikolaus, Weihnachtsbäume und Adventskränze, der Stollen und die Weihnachtsgans und der werbewirtschaftliche Overkill.

Andere Bräuche sind eher familienspezifisch.

Der verbreitetste Brauch aller Menschen, die Weihnachten feiern, ist bestimmt das große Familientreffen. Wie verschieden die Lebenswege im Rest des Jahres auch sein mögen – wenn die Mitglieder einer weitverzweigten Familie zum Fest heimkehren, hat man den Eindruck, es hätte sich nie etwas geändert.

ÜBER DEN WEIHNACHTSMANN

Weihnachtsmann ist der Spitzname des Hl. Nikolaus, kurz auch Nikolaus genannt. Es ist ungewiß, ob ihn irgendwann einmal jemand mit eigenen Augen gesehen hat. Trotzdem ist er die am häufigsten nachgeahmte Berühmtheit der Welt.

Die meisten Informationen über den Weihnachtsmann haben wir aus zweiter Hand. Berichte über seinen Charakter (»Niklaus ist ein guter Mann ...«), seine Arbeitsmoral (» ... bald ist Nikolausabend da ...«), seinen Umgang (»... Knecht Ruprecht, rief es, alter Gesell ...«) lassen nichts zu wünschen übrig. Trotzdem hegen manche gewisse Bedenken gegen seine recht freizügige Auslegung der Datenschutzbestimmungen.

Da sich der Weihnachtsmann so bedeckt hält, gibt es natürlich Leute, deren prosaische Natur sie daran hindert, an ihn zu glauben. Beschränken Sie die Kontakte zu diesen auf ein Minimum: Wer unfähig ist, den Nikolaus zu akzeptieren, nimmt in der Regel keine Rücksicht auf Menschen mit mehr Vertrauen und besser entwickelter Phantasie.

Das ganze Jahr über bastelt der Weihnachtsmann in seiner Werkstatt Spielsachen, um sie den Kindern am Heiligen Abend zu bringen. Die manuelle Arbeit verrichten die Zwerge, während der Nikolaus sich eher den Managementpflichten widmet.

Die Zwerge sind es meist zufrieden, daß sie ohne Lohn arbeiten und daß der Weihnachtsmann alle Anerkennung für ihre Tätigkeit einstreicht. Doch perfekte Utopien gibt es nicht.

Am Weihnachtsabend beladen die Zwerge und der Weihnachtsmann den Schlitten, und acht fliegende Rentiere ziehen ihn durch die Lüfte – bei nebliger Witterung sind es neun.

Oder gar zehn.

Der Nikolaus fliegt durch die ganze Welt, und in jedem Haus, das ihn erwartet, lädt er Geschenke ab. Er landet auf dem Dach und schlüpft dann durch den Kamin

irgendwie.

Da der Nikolaus am Heiligen Abend in nur wenigen Stunden so viele Menschen besuchen muß, ist sorgfältige Planung unerläßlich. Trotzdem passiert es ihm Jahr für Jahr hie und da, daß gedankenlose Familienmitglieder bereits ein Feuer im Kamin entfacht haben –

was vielleicht der Ursprung des bekannten Volksliedes »Mir brennt's in meinen Reiseschuh'n« sein könnte.

NÜTZLICHE TIPS

Daß Süßigkeiten an den Sesseln kleben oder sich in den Teppich drücken, kann man auf drei Weisen verhindern: Entweder

1. **man kauft sie nicht, oder**
2. **man packt sie nicht aus, oder**
3. **man gibt sie keinen Kindern.**

Um die Lebensdauer Ihres Christbaums zu verlängern, geben Sie ¼ Tasse Zukker in das Wasser des Christbaumständers.

Anmerkung: Nehmen Sie keinen Süßstoff – sonst wird Ihr Baum plastifiziert.

EIN AMERIKANISCHER VOLKSSPORT

Ein Fruchtkuchen ist ein schwerer, dunkler Gegenstand mit etwa 30 cm Durchmesser und 9 cm hoch. Er ist in in Weinbrand getränktes Leinen gewickelt und in einer hübschen runden Dose verpackt. Dose und Kuchen sind der »Puck« des beliebten Spiels ›Reich den Fruchtkuchen weiter!‹. Und das geht so:

Das Spiel beginnt, indem ein Team den Fruchtkuchen im Haus des Spielgegners abgibt. Mindestens einer der gegnerischen Partei muß sich hocherfreut zeigen, während der Rest überlegt, was er mit dem Kuchen machen soll.

Es geht darum, so schnell wie möglich den Kuchen wieder loszuwerden, ohne ihn zu essen oder wegzuwerfen und vor allem, ohne dabei vom Absender erwischt zu werden. Mitglieder dieses Teams können unerwartet jederzeit vor der Tür stehen, um zu sehen, ob der Kuchen noch da ist.

Ist der Kuchen nicht mehr auffindbar, muß sich das beschenkte Team schleunigst eine gute Ausrede einfallen lassen, ohne wirklich zu lügen.

Das hat natürlich das erneute Überbringen eines Fruchtkuchens durch das erste Team zur Folge.

Die erste Mannschaft, die dabei erwischt wird, den Fruchtkuchen als »eßbar« zu befinden – oder gar hineinzubeißen – hat verloren.

Wenn der Kuchen am 1. Januar noch unverzehrt ist, muß er von dem Team in »Kuchenbesitz« in heißem Weinbrand getränkt, in Puderzucker gewälzt und in der Dose bis zum nächsten Jahr aufbewahrt werden. Dann kann das Spiel von vorne losgehen.

DER
STERN

DIE SOCKE AM KAMIN

Der weihnachtliche Brauch, Strümpfe an den Kamin zu hängen, geht auf eine Legende aus dem 4. Jahrhundert zurück, nach der der damalige Bischof Nikolaus drei Töchtern eines verarmten Kaufmannes anonym die Mitgift spendiert haben soll, indem er einen Beutel Gold durch den Kamin hinabwarf. Das Gold soll in den Strümpfen der jungen Damen gelandet sein, die zum Trocknen am Kamin hingen. Heutzutage füllt der Nikolaus die Strümpfe mit kleinen Geschenken, Nüssen und Leckereien statt mit Gold, um die Weltwirtschaft nicht ins Chaos zu stürzen.

Manche Leute von einnehmendem Wesen hängen übergroße Strümpfe auf und hoffen, daß der Weihnachtsmann mehr Geschenke brauchen wird, um sie zu füllen. In solchen Fällen stopft er den Strumpf normalerweise mit voluminösen Südfrüchten aus.

WEIHNACHTSMUSIK

Das ganze Jahr über sind wir von Musik umgeben, doch die Musik der Weihnachtszeit scheint irgendwie besonders fesselnd zu sein, und manchmal umzingelt sie einen regelrecht.

Viele Jahrhunderte lang gab es nur zweierlei Arten von Musik: die liturgische, die aus religiösen Gesängen, Hymnen und Instrumentalstücken bestand und sich auf den kirchlichen Bereich beschränkte, und die weltliche oder säkulare Musik – Volkslieder und Tänze –, die die einfachen Leute selbst machten. Die Weihnachtslieder entwickelten sich als Mischform der beiden – kirchliches Gedankengut, mit volkstümlichen Weisen vertont.

Mit der Erfindung des Phonographen gegen Ende des 19. Jahrhunderts wurde aufgezeichnete Musik ebenso zugänglich wie aufgeführte, und die Welt der Weihnachtsmusik begann sich zu wandeln.

Die Stimme ihres Herrn

Heute werden wir immer wieder von neuen, provozierenden Interpretationen der bekannten Weihnachtsmelodien überrascht.

Es gibt sogar neuartige Weihnachtskarten, die beim Aufklappen vertraute Weihnachtsmusik spielen und an die Grenzen dessen stoßen, was wir unter Musik verstehen.

Doch trotz all ihrer Vielfalt kann »Konservenmusik« niemals die Sangestradition verdrängen, die seit jeher im Mittelpunkt des Weihnachtsfestes steht. Die Gründe zum Musizieren sind immer noch so überzeugend wie eh und je, sei es nun zum Muntermachen,

Nostalgie

oder Ausdruck des tiefempfundenen Wunsches, seine Freude mit den Nachbarn zu teilen.

In ihrer schönsten Form dient die Weihnachtsmusik dazu, uns zusammenzubringen, uns im gemeinsamen Streben nach einem Fest voller Frohsinn zu vereinen, und erlaubt uns, für eine kleine Weile unsere Erdverbundenheit hinter uns zu lassen und in prachtvoller Harmonie der Seelen zu schwelgen.

In vielen Wohnungen wird alljährlich als schlichtes Sinnbild der Geburt Jesu eine Krippe aufgestellt.

In Familien mit Kleinkindern wird die Symbolik oft komplexer und eklektischer.

Ein Plumpudding nach altem Rezept muß stundenlang gedämpft werden.

FÜNFTES KAPITEL

Gut gegessen ist halb gefeiert

DEZEMBER
DER MANN DES MONATS

Der hl. »Weihnachtsmann« Nikolaus

ALTER: 1706

WOHNORT: Nordpol

BERUF: Teilzeit-Menschenfreund

WICHTIGSTE LEKTÜRE: Versandhauskataloge

ZITAT: »Ich glaube, was die anderen über einen sagen, ist nicht so wichtig, wenn man nur an sich glaubt.«

DAS WEIHNACHTSFESTIVAL

Weihnachten feiert man in vielen Ländern und auf viele Arten. Manchmal ist es schwierig für uns, die Weihnachtsrituale anderer Völker völlig fremder Sprache und Kultur zu ergründen – insbesondere die Eßrituale. Stellen Sie sich beispielsweise ein scheinbar zivilisiertes Land vor, dessen Eingeborene das Christfest begehen, indem sie Wildschweinköpfe verzehren, dazu aus zeremoniellen Trinkgefäßen ein warmes Gebräu aus Starkbier mit Ei zu sich nehmen und gezukkerte Häufchen aus Rinderfett und Mehl in Brand stecken! Und trotz alledem sind die Briten wahrscheinlich Menschen wie du und ich.

Wie man auch feiert, Weihnachten bleibt die Zeit der Geschenke und der gemeinsamen Mahlzeiten, der Lieder und Trinksprüche, des Tanzens und Dinierens, des Plauderns und Schwelgens, der Besuche und des Essens und Trinkens, und des Essens und Essens und des Trinkens und Trinkens.

3,, Dezember,,

lieber NIkolaus,

mir viel ein, was f+r eim GlücK DU hast mit den nettten REntiren. Du verschengst jedes JAhr soviele Pläzchen, ich finde, du müsstest eine Menge dvon deinen Prima Rentiren abgeben, ja? Uns Kindern w9rde es überhaupöt nicht ausmachen.

VILe grüsse

ein KInd

WEIHNACHTS-PLÄTZCHEN

Weihnachten und Plätzchen sind praktisch Synonyme.

Auf den folgenden Seiten finden Sie einfache Rezepte für drei schmackhafte Sorten Weihnachtsgebäck. Eine Schachtel, eine Dose oder ein Körbchen mit selbstgebackenen Plätzchen ist ein ganz besonderes Weihnachtsgeschenk.

Andererseits ist eine Schachtel, eine Dose oder ein Körbchen für sich allein auch schon ein sehr nettes Geschenk.

AUSGESTOCHENE PLÄTZCHEN

Jede Familie besitzt eine Schachtel mit heißgeliebten Plätzchenformen, die jeden Winter hervorgeholt und zum Dienst gepreßt werden. Dies sind die häufigsten Formen:

Manche Volkskundler glauben, diese Formen hätten ursprünglich eine Bedeutung gehabt, doch konnte bisher noch niemand eine plausible Interpretation des Förmchen-Symbolismus liefern.

Man kann die Plätzchen so essen, man kann sie aber auch vor dem Backen mit Rosinen, Korinthen, Cocktailkirschen, bunten Zuckerstreuseln oder irgendetwas anderem verzieren, das sich nicht so ohne weiteres aus den Ritzen des Küchentischs entfernen läßt.

ZITRONENPLÄTZCHEN

Verrühren:
½ Tasse weißen Zucker
½ Tasse braunen Zucker
1 Tasse ungesalzene Butter

Mit dem Schneebesen durchschlagen, dann hinzufügen:
4 Eier
2 Teelöffel Zitronenextrakt
1 Teelöffel Zitronenschale

Unterheben:
4 Tassen Mehl
3 Teelöffel Backpulver

Den Teig in drei Teile teilen. Vor dem Ausrollen mindestens vier Stunden kühl stellen.

Ausrollen: Legen Sie Pergamentpapier auf den Küchentisch und wickeln Sie auch die Teigrolle in Backpapier. (Hobbyköche pflegen die Teigrolle und die Arbeitsfläche mit Mehl zu bestäuben, damit der Teig nicht klebt. Das kann leider zu ziemlich harten Plätzchen führen.)

Formen ausstechen und auf einem eingefetteten Backblech 8 bis 10 Minuten bei 190 °C backen. Auf einem Rost auskühlen lassen.

ECHT DEUTSCHES WEIHNACHTSGEBÄCK

Viele Bäcker lieben es, alte Weihnachtsrezepte anderer Länder auszuprobieren,

die weitaus meisten aber haben überhaupt kein Verständnis für solche fremden Weihnachtsbräuche.

Pfeffernüsse sind ein altes deutsches Weihnachtsgebäck. Sie sind außen hell, innen dunkelbraun, herzhaft gewürzt und leicht mürbe. Das Wort »Pfeffer« im Namen bedeutete einst ganz allgemein »Gewürz«.

PFEFFERNÜSSE

Den Ofen auf 190 °C vorheizen.

In einer schweren Kasserolle langsam
¾ Tasse Honig und
½ Tasse Maissirup
zergehen lassen.

5 Minuten ziehen lassen, dann
3 Eßlöffel Butter
hinzugeben. Vom Feuer nehmen und abkühlen lassen.

In einer weiteren Schüssel
3 Tassen Mehl
1 Teelöffel Backpulver
1 Teelöffel Nelken
2 Teelöffel Gewürzmischung und
½ Teelöffel Pfeffer
gründlich vermengen.

In einer dritten Schüssel
1 Ei
3 Tropfen Anisöl
¾ Tasse dunkelbraunen Zucker und
2 Eßlöffel geriebene Zitronenschale
vermischen.

Den abgekühlten Sirup hinzugeben. Nach und nach unter ständigem Rühren die Mehlmasse hinzugeben.

Teigbällchen von ca. 3 cm Durchmesser formen und leicht auf ein gefettetes Backblech drücken.

12 bis 15 Minuten backen. 5 Minuten abkühlen lassen, dann in Puderzucker wälzen.

NIKOLAUS-PLÄTZCHEN

Nach altem Brauch stellt man dem Nikolaus am Nikolausabend selbstgemachte Plätzchen bereit. Manche Leute bakken ihm einen ganzen Kuchen (vgl. S. 77), und das findet er so nett, daß er ihnen einen ebensolchen Kuchen hinterläßt.

Der Nikolaus ist für alle Sorten Plätzchen dankbar, die man ihm übrigläßt, doch sein Lieblingsgebäck sind ohne Zweifel Schokoladenstreusel-Kekse. Am Nikolausabend stellt man diese Plätzchen mit einem Glas Milch für ihn an unzugänglicher Stelle bereit.

SCHOKOLADENSTREUSEL-KEKSE

Den Ofen auf 190° vorheizen.

Zu einer sämigen Masse verrühren:
- ¾ Tasse Butter
- ¾ Tasse hellbraunen Zucker
- ¾ Tasse dunkelbraunen Zucker

Dann
- 1 Ei und
- 1 Teelöffel Vanille-Extrakt

unterheben.

Gut vermengen, dann
- 1⅓ Tasse Mehl und
- ¾ Teelöffel Backpulver

einrühren.

Nun 180 g Zartbitter-Schokolade zu Streuseln reiben und einrühren.

Den Teig abschmecken.

Den restlichen Teig auf ein leicht gefettetes Backblech legen. Die Plätzchen etwa 10 Minuten backen. Auf einem Rost abkühlen lassen. Vielleicht hätten Sie gleich die Zutaten verdoppeln sollen.

WAS IST WÜRZBIER?

Würzbier bezeichnet warmes, gewürztes Starkbier, mit dem man vor allem in England zur Weihnachtszeit einander zuprostet. In vielen Haushalten gibt es eine reichverzierte, silberne Punschschüssel, die mit Würzbier gefüllt und in der Nachbarschaft von Haus zu Haus getragen wird. Das nennen die Engländer ›Wassailing‹.

In jedem Haus wird auf jedes Familienmitglied angestoßen. Nach dem fünften Haus wird oft auch das Mobilar in die Trinksprüche mit einbezogen.

Manche Sprachwissenschaftler führen die Bezeichnung »Würzbier« trivialerweise auf »Würz« (für Gewürze) und »Bier« zurück. Doch jeder, der je einen »Wassailing«-Rundgang mitgemacht hat, weiß, daß es nichts weiter als eine angeheiterte Kurzform von »Würds'de mir noch'n Bier geben?« ist. Und das ist drin:

PUNSCH

120 mittelgroße Äpfel entkernen, halbieren und rösten.

240 Eier mit dem Schneebesen schaumig schlagen.

Wenn Sie sich erholt haben, den Eierschaum in einen großen Braukessel gießen.

345 l Dunkelbier dazugeben.

Die Äpfel dazugeben und bei mittlerer Hitze aufkochen lassen. Dazu:

- 6,5 l Melasse
- 2 Pfund Rohzucker
- 2640 abgezogene Mandeln
- 1 Tasse Muskat
- 1½ Pfund Zimt
- ½ Pfund Ingwer
- ⅓ Schock Gewürznelken

2 Stunden köcheln lassen, ab und zu umrühren. Heiß und oft servieren.

EIN WORT ZUM PLUMPUDDING

Bis darauf, daß es sich eigentlich um einen Kuchen statt um einen Pudding handelt und daß keine Pflaumen (»Plums«) darin sind, trägt der Plumpudding seinen Namen völlig zu recht. Außer in seiner englischen Heimat weiß man ihn mittlerweile auch in vielen anderen Ländern zu schätzen. Oft werden Silbermünzen und Straßschmuck mit eingebacken – diesen Brauch haben angeblich Zahnärzte eingeführt und verbreitet.

Die Zubereitung von Plumpudding ist überaus schwierig, zeitraubend und teuer, doch das Ergebnis ist die Mühe und das Geld eines anderen durchaus wert.

PLUMPUDDING

Den frierenden Singvögeln
2½ Tassen Rinderfett
vorenthalten und zerkleinern.

Dazugeben:
1 Tasse Rosinen
2 Tassen Korinthen
Geriebene Schale einer Zitrone
½ Tasse kandierte Orangenwürfel
½ Tasse kandierte Zitronenwürfel

2 Tassen Mehl
1¼ Tasse dunkelbraunen Zucker
2 Teelöffel Zimt
2 Teelöffel gemahlene Nelken
1 Teelöffel Muskat
½ Teelöffel Ingwer
vermischen und dazugeben.

In einer anderen Schüssel
1 Tasse Milch
3 Eier
¼ Tasse Weinbrand
schlagen.

Dies zu der ersten Mischung geben, kühl stellen und 12 Stunden stehenlassen.

Zum Dämpfen den Teig in eine 2-l-Puddingform geben. Die Form mit gefettetem Wachspapier, dann mit Aluminiumfolie abdecken und fest zubinden. In einen großen Topf stellen und bis zur halben Höhe der Form Wasser zugießen. Das Wasser langsam aufkochen lassen und den Topf fest schließen. 4 Stunden dämpfen und dabei Wasser nachgießen, um den Flüssigkeitspegel zu halten. Nach dem Abkühlen die Folie und das Papier abnehmen und mit einem frischen Wachspapier abdecken. Kühl und trocken aufbewahren.

Vor dem Servieren den Pudding noch einmal 2 Stunden dämpfen. Auf eine Servierplatte stürzen, 2 Teelöffel erwärmten Weinbrand darübergießen und anzünden.

Dieses Gericht ißt man traditionellerweise vom 2. Januar bis Ende Februar. Dazu wird Wasser serviert.

KAROTTENDIÄT

24 Möhren waschen und schälen.

Der Länge nach zerteilen und appetitlich auf einer Platte anrichten.

ZU GUTER LETZT

WEIHNACHTLICHE NACHWEHEN

Nachweihnachtliche Depressionen sind so verbreitet, daß die meisten von uns sie als Schicksal betrachten. Und doch ist uns nicht klar, daß die Weihnachtszeit – wie jede andere Marathonveranstaltung – unweigerlich jeden frustrieren und erschöpfen muß, der ungenügend trainiert ist. Natürlich können wir keinen Erfolg garantieren, aber wenn Sie Ihre Feiertags-Fitness-Vorbereitungsübungen sorgfältig durchführen, finden Sie bestimmt einige neue Strategien, um Ihre persönliche Weihnachtsbestzeit zu erreichen.

Meistens sind solche Depressionen nicht die Folge zu weniger, sondern übertriebener Vorbereitungen. Folgende sind die drei häufigsten Trainingsfehler:

1. Übermässiges Training

Intensive Konditionsübungen sind eine gute Sache, doch kann man des Guten zuviel tun. Bedenken Sie: Wenn Sie nicht fit sind, können Sie zwar nicht mitmachen, doch wenn Sie ausgepumpt sind, können Sie das erst recht nicht.

2. Übermässige Erwartungen

Viele Menschen fordern ihr Schicksal heraus, indem sie vom ersten Tag der Weihnachtszeit an unrealistische Hoffnungen und Erwartungen hegen.

3. Frühstart

Es ist nicht möglich, den physischen und psychischen Elan, den eine wirklich fröhliche Weihnachtszeit erfordert, unbegrenzt aufrechtzuerhalten. Steigern Sie sich allmählich in die Weihnachtszeit hinein – und fangen Sie nicht zu früh an.

Doch wie gut Sie auch vorbereitet sein mögen – wahrscheinlich werden Sie dem Ende der Weihnachtszeit mit einem lachenden und einem weinenden Auge entgegensehen. Geben Sie Ihr Bestes, um Weihnachten auf Ihre ganz persönliche Weise zu feiern, und wenn es an der Zeit ist, klammern Sie sich nicht an die Relikte der Vergangenheit.

Weihnachtsabhängiger Nikolaus

Und keine Angst, nächstes Jahr ist wieder Weihnachten mit all seiner Vielfalt, seiner Pracht und Verwirrung.

Dreihundertvierundsechzigmal
werden wir noch wach...
HEIßA, DANN IST...
Dreihundertdreiundsechzigmal
werden wir noch wach...
HEIßA, DANN IST...
Dreihundertzweiundsechzigmal
werden wir noch wach...
HEIßA, DANN IST...
WEIHNACHTSTAG!

DANKSAGUNG

Ich möchte allen danken,
die mir geholfen haben:

Jeanne und Bob Boynton
Keith Boynton
Jane und Mark Capecelatro
Mary Cooney
Martha Fullington
Paul Hanson
Cathy Hearn
Kathleen Herlihy-Paoli
Mike Keiser
Kate Klimo
Edite Kroll
Caitlin McEwan
Devin McEwan
Suzanne Rafer
Shannon Ryan
Roberta Silverman
Bert Snyder
Geoffrey Strachan
Joanne Strauss
Mary Tobin
Ludvik Tomazic
Peter und Carolan Workman

und vor allem: Jamie McEwan

und ein gutes Neujahr!